Kleine Insektenkunde

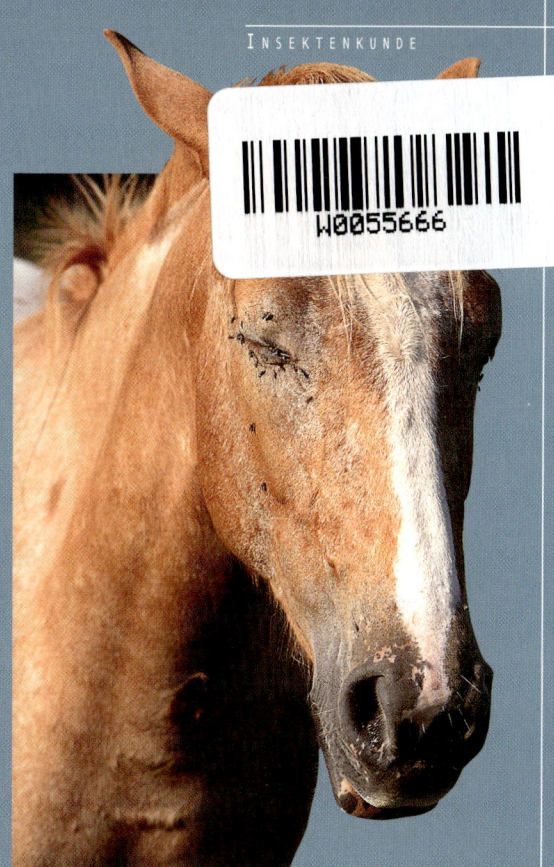

In den Monaten April bis Oktober macht eine Vielzahl von Insekten Zwei- und Vierbeinern das Leben schwer. Die verschiedenen Insektenarten sind aber nicht nur lästig, sondern können auch Bakterien, Viren, Würmer und andere Parasiten übertragen, Allergien auslösen, Wunden infizieren und Entzündungen der Haut und Schleimhäute hervorrufen. Vor allem die Weidepferde sind der Insektenplage oft schutzlos ausgeliefert.

Durch reflexartiges Muskelzucken, Schweifschlagen, Kopfschütteln, Stampfen, Wälzen, Schubbern, Kratzen, Beißen, gegenseitiges Beknabbern und manchmal auch durch panische Flucht versuchen die Pferde, die kleinen Quälgeister loszuwerden. Ein langer Schweif oder ein dichter Schopf bieten zwar ein wenig Schutz, doch müssen die Pferdehalter ihre Tiere durch zusätzliche Vorsorgemaßnahmen so gut wie möglich vor Fliegen, Mücken und

Ungeschützte Weidepferde sind der Fliegenplage hilflos ausgesetzt.

Zecken abschirmen. Weil man die Feinde kennen muss, die bekämpft werden sollen, werden im Folgenden die verschiedenen Insekten in Aussehen, Brutstätten, Flugzeiten und Auswirkungen vorgestellt.

Ein Staubbad hilft Pferden Insekten fern zu halten.

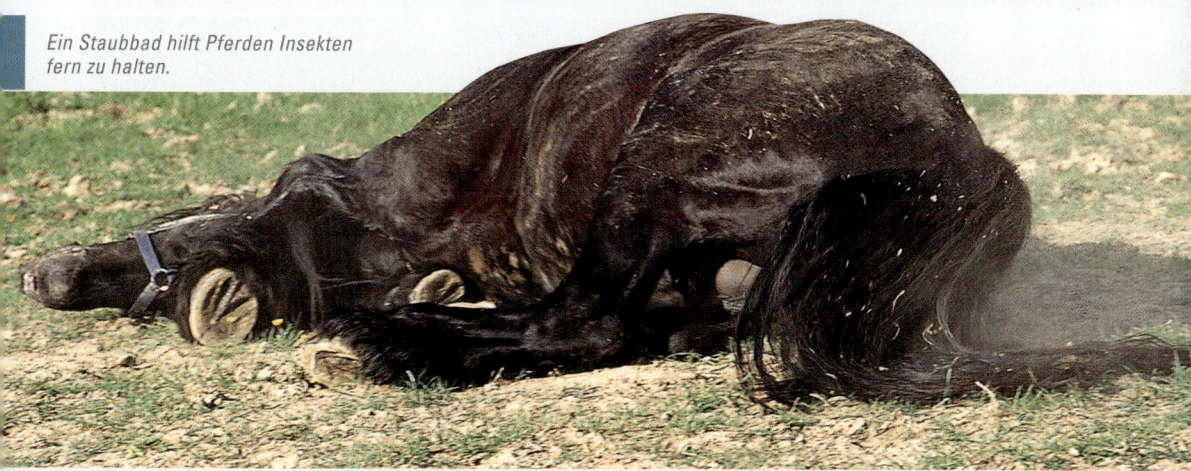

Die verschiedenen Fliegenarten

Zu den Echten Fliegen (*Muscidae*) zählen die Große und die Kleine Stubenfliege. Echte Fliegen sind fünf bis sieben Millimeter große Zweiflügler mit kurzen Fühlern und einem Tupfrüssel. Sie legen ihre Eier vorwiegend in Dungstätten, Stallmist, Futterreste und Kothaufen, wo sie innerhalb weniger Tage schlüpfen.

Die Hauptflugzeit der Stubenfliege ist von Juni bis Oktober, vor allem in den Mittags- und Nachmittagsstunden. Mit ihren Rüsseln lecken und saugen die Fliegen an den feuchten Nüstern, Augen oder Hautrissen der Pferde, wobei sie Bakterien und Wurmlarven übertragen und Entzündungen der (Schleim-) Häute sowie schlecht heilende Sommerwunden hervorrufen können.

Mit den Stubenfliegen verwandt sind die fünf bis sechs Millimeter großen Stechfliegen. Der Wadenstecher (*Stomoxys*) lebt und vermehrt sich hauptsächlich in Kuhställen, während die Weidestechfliegen (*Phaoniiae*) vorwiegend auf Rinderweiden von Juni bis September zu finden sind. Beide Stechfliegen bevorzugen Horntiere, belästigen aber auch Pferde in der Nähe von Rinderställen oder -weiden. Ihnen gemein ist ein markanter Stechrüssel, mit dem sie ihren Opfern recht schmerzhafte Stiche zufügen. Durch ihren Stich können sich Krankheitserreger wie zum Beispiel die infektiöse Anämie (ansteckende Blutarmut) übertragen.

Zu den blutsaugenden Fliegen gehören außerdem die Bremsen (*Tabamidae*), kräftige, nicht borstige Fliegen mit großen Augen und stechenden Mundteilen. Die Pferde- und Rinderbremsen sind mit bis zu 25 Millimeter Länge die größten einheimischen Fliegen. Die Stiche

Pferdeäpfel ziehen Fliegen magisch an.

Auf ungepflegten Weiden mit Geilstellen vermehren sich Fliegen und Wurmlarven hemmungslos.

Fliegen erzeugen häufig tränende Augen. Die entstehende Tränenflüssigkeit zieht noch mehr Fliegen an.

Viele Pferde flüchten panisch, wenn sich ihnen Dasselfliegen nähern.

der Bremsenweibchen sind sehr schmerzhaft und bluten nachhaltig, wodurch wiederum Echte Fliegen angelockt werden. An schwül-heißen Tagen ist die smaragdgrüne Blindbrem-se besonders stechlustig, während die schlicht-graue Regenbremse an schattigen Orten in Wassernähe, bei bedecktem Himmel und sogar bei Nieselregen zusticht. Wie die Stechfliegen schwärmen Bremsen vom späten Vormittag bis zum Abend. Als Blutsauger spielen die Brem-sen auch bei der Verbreitung von Krankheiten eine Rolle. Bei uns können sie unter anderem die infektiöse Anämie (ansteckende Blutarmut) verbreiten. In Indien übertragen sie die Schlaf-krankheit des Pferdes, die so genannte Surra (von Pferd zu Pferd), in Südamerika die Kreuz-lähme der Pferde (des mal de caderas).

Die elf bis 13 Millimeter große braune Magendasselfliege (*Gastrophilus intestinalis*) klebt ihre Eier von Juni bis September vor allem an die Vorderbeine der Pferde. In Ost- und Süd-europa sowie in Nordafrika ist dagegen die Nasendasselfliege (*Rhinoestrus purpureus*) hei-misch, die ihre Eier in die Nasen der Opfer spritzt. Vereinzelt treten die Nasendasseln von August bis September auch in unseren Brei-tengraden auf. Sie können Schleimhaut- und Kehlkopfentzündungen, Husten und Kopf-schütteln bewirken. Obwohl die Eiablage der Magendasselfliege völlig schmerzlos ist, rea-gieren die meisten Pferde mit erregtem Abwehr- und Fluchtverhalten, sie „biesen". Darum nennt man Dasselfliegen auch „Bies-fliegen".

Die schlüpfenden Larven reizen die Haut und veranlassen die Pferde zum Lecken, wodurch sie in die Maulhöhle gelangen und sich in die Zunge bohren. Hierdurch kann es zu Entzündungen der Schleimhaut, der Zunge und des Gaumens mit Kau- und Schluckbeschwerden kommen. Nach drei bis vier Wochen wandern die Larven in den Magen, wo sie Magenschleimhautentzündungen, Koliken und Durchfälle bewirken können. Nach acht bis zehn weiteren Monaten werden die reifen Larven mit dem Kot wieder ausgeschieden, verpuppen sich im Weideboden und schlüpfen nach etwa vier Wochen. Unmittelbar nach der Paarung beginnen die Weibchen erneut mit der Eiablage. Um diesen Entwicklungszyklus zu unterbrechen, müssen die Larven mit einer entsprechenden Wurmkur im Herbst/Winter abgetötet werden. Auch durch eine sorgfältige Weidehygiene (Aufsammeln der Pferdeäpfel) sowie durch das Entfernen der Eier aus dem Pferdefell kann man die Vermehrung einschränken. Die Dasselfliegeneier erkennt man als kleine weiß-gelbe Sprenkel, die sehr fest im Fell sitzen. Mit einer Mischung aus Wasser und Obstessig lassen sie sich aber relativ gut auswaschen, oder man kann sie vorsichtig mit einer Rasierklinge in Fellrichtung abstreifen – nicht gegen den Strich!

Die verschiedenen Mückenarten

Die zweite große Insektengruppe, die unsere Pferde in den Sommermonaten belästigt, sind die Mücken. Hierzu zählen die Stechmücken, die Kriebelmücken und die Gnitzen. Allen gemein ist, dass nur das Weibchen sticht und sich diese Insekten in Gewässern, Tümpeln, an Ufern und anderen Feuchtstellen vermehren und vorwiegend in der Dämmerung und an windgeschützten Orten aktiv sind.

Mücken sind meist schlanke, dünnbeinige Zweiflügler mit stechend-saugenden Mundteilen. Unter den Stechmücken (*Culicidae*) ist die etwa sechs Millimeter große Gemeine Stechmücke (*Culex pipiens*) die bekannteste. Die Weibchen überwintern in Kellern und Wohnungen und legen im Frühjahr ihre Eier auf das Wasser, wo die Mücken nach etwa drei Wochen schlüpfen. Die Schwärme der Gemeinen Stechmücke tanzen vor allem in den

Mückenschwärme umschwirren die Pferde vor allem, wenn es dämmert.

Abendstunden, die weiblichen Mücken meist direkt über dem Boden. Weitere Stechmückenarten sind die zehn Millimeter lange Ringelschnake (*Theobaldia annulata*), die man in der Nähe von verschmutzten Gewässern findet, die sechs bis neun Millimeter großen Waldschnaken (*Aedes communis* und andere), deren Larven in flachen Waldtümpeln leben, sowie die sechs Millimeter lange Rheinschnake (*Aedes vexaus*), die in Flussauen zur Qual werden kann. Alle Stechmücken verursachen nicht nur juckende Quaddeln, sondern können auch

Krankheitsüberträger sein. Beim Pferd können sie unter anderem die ansteckende Blutarmut und die Onchocercariose (Hautrundwürmer) übertragen.

Die drei bis sechs Millimeter großen Kriebelmücken (*Simuliidae*) sind kleine, gedrungene fliegenähnliche Mücken, die ihre Eier in fließende Gewässer legen und insbesondere in Bachnähe und Flussniederungen in großer Zahl auftreten. Die Kriebelmücken sind dort eine Geißel der Weidetiere. Ihre giftigen Stiche schädigen Herz und Kreislauf und können

Wasserstellen sind die Brutstätten der Mücken.

das Atemzentrum beeinträchtigen. Bei besonders hohem Aufkommen können die Stiche sogar im schlimmsten Fall durch Simuliotoxikose zum Tod führen. Einer bestimmten Kriebelmückenart, der Kolumbatscher Mücke, fielen auf dem Balkan in den zwanziger und dreißiger Jahren des letzten Jahrhunderts mehrere zehntausend Weidetiere, darunter viele Pferde, zum Opfer. Bei uns verursachen die Stiche der Kriebelmücke jedoch in der Regel nur juckende Knötchen, vor allem an den unbehaarten Stellen der Pferde.

Weitere höchst unangenehme Blutsauger sind die winzigen einen bis höchstens drei Millimeter großen Gnitzen (*Culicoides*). Sie bevor-

Die brennenden Gnitzenstiche führen zu heftigem Juckreiz.

zugen windgeschützte Feuchtraumgebiete, wo sie auch ihre Eier ablegen. Die Gnitzen sind von Mai bis Oktober aktiv, vor allem in den feuchtwarmen Frühlings- und Spätsommermonaten. Die Hauptflugzeit der Gnitze ist die Morgen- und Abenddämmerung, jeweils zwei bis drei Stunden vor beziehungsweise nach Sonnenauf- und -untergang. Beim Stechen sondern die Gnitzen ein blutgerinnungshemmendes Sekret ab, das starken Juckreiz auslöst und zu allergischen Reaktionen, dem gefürchteten Sommerekzem, führen kann.

Die sehr kleinen Mücken krabbeln bevorzugt in den Mähnenkamm und Schweifrübenansatz, aber auch die Kruppe, der Unterbauch mit Schlauch oder Euter, der Widerrist, die Ohren- und Augenregion werden heimgesucht.

Reagiert das Pferd auf die Stiche allergisch, entstehen Hautschwellungen. Der Juckreiz veranlasst das Pferd, sich an den betroffenen Körperstellen zu scheuern, was zu ekzemartigen Hautveränderungen mit kahlen Stellen, Pusteln und Krusten, manchmal auch großflächigen Wunden führen kann.

Das Sommerekzem kann bei allen Pferderassen vorkommen und ist ein eigenständiges Krankheitsbild, das von anderen Hauterkrankungen mit ähnlicher Symptomatik wie zum Beispiel Wurm- und Pilzbefall, Mangelerscheinungen, Befall von Milben, Flöhen, Läusen oder Haarlingen diagnostisch abgegrenzt werden muss. Eine eindeutige Diagnosemöglichkeit bietet ein Allergietest mittels Blutuntersuchung in darauf spezialisierten Labors. Eine Desensibilisierung ist aber nicht möglich. Auch andere Therapieansätze können nur die Symptome, jedoch nicht die ursächliche Allergie behandeln. Schweizer und isländische Wissenschaftler arbeiten zur Zeit an einem Impfstoff. Bis dahin können nur Vorsorgemaßnahmen über die Haltung, Fütterung, Insektenschutzmittel und Schutzausrüstung sowie diverse medizinische Behandlungsmöglichkeiten die Symptome weitgehend vermeiden oder eindämmen.

Durch übermäßiges Scheuern entstehen Hautekzeme.

Sonderfall Zecken

Als Achtbeiner gehören die Zecken nicht zu den Insekten, sondern zu den Milbenschmarotzern. Von den weltweit 890 Zeckenarten ist in Europa vor allem die Waldzecke oder der Gemeine Holzbock (*Ixodes ricinus*) von Bedeutung. Der Holzbock bevorzugt lichte Laub- und Mischwälder und lauert im Unterholz, auf Sträuchern und sehr hohen Gräsern seinen Opfern auf. Zecken haben zwar von März bis Oktober Saison, besonders bissig sind die blutsaugenden Schmarotzer aber Ende Mai bis Anfang Juni und Ende August bis Anfang September. Der Biss der Zecke ist nicht schmerz-

haft, sondern bewirkt lediglich einen leichten Juckreiz, obwohl die Stechwerkzeuge mit Widerhaken ausgerüstet sind, die die Zecke fest in der Haut verankern. Bevorzugte Bissstellen beim Pferd sind die Schenkelinnenseiten, die Ellbogenbeugen und der Schweifansatz, aber auch Brust, Hals, Kronsaum sowie Nüstern und die Augenregion werden befallen.

Schon als Larve vermehrt und speichert die Zecke Bakterien in ihrer Speicheldrüse, die sie aus dem Blut von Waldnagern, wie zum Beispiel Mäusen, aufnimmt und dann zunächst als geschlechtslose Nymphe, später als ge-

Hautvereiterungen und allergische Reaktionen mit Lymphknotenschwellungen auftreten. Auch seuchenhaftes Blutharnen (Babesiose) wird durch Zeckenbisse hervorgerufen. In den USA sind auch Hirnhautentzündungen bei Pferden vorgekommen.

Die größte Gefahr besteht jedoch in der beim Pferd so schwierig zu diagnostizierenden und zu behandelnden Borreliose, die das zentrale Nervensystem angreift. Eine Schutzimpfung gegen Borreliose gibt es für Mensch und Pferd bislang nicht. Da Repellentien auch keinen sicheren Schutz bieten, ist die beste Vorbeugung eine rasche Entfernung der Zecke und die Desinfektion der Bissstelle. Mit Gewalt darf man die Zecke aber auf keinen Fall herausreißen, weil dann der Kopf und damit die Krankheitsüberträger im Hautgewebe verbleiben. Auch das Zerquetschen oder das Beträufeln mit Öl oder Klebstoff ist falsch, da der Blutsauger im Todeskampf besonders viele Bakterien absondert. Deshalb darf man Zecken nur mit speziellen Zeckenzangen, die beim Tierarzt oder in der Apotheke erhältlich sind, entfernen. Damit erfasst man die Zecke möglichst weit vorne und zieht sie aus der Haut. Eine Drehung ist dabei nicht erforderlich.

Besonders gefährdet sind Pferde, deren Koppeln an einem Wald grenzen oder auf denen viele Büsche wachsen. Auch nach Ausritten im Wald mit Gestrüpp und Unterholz müssen die Pferde auf Zecken hin untersucht werden. Weil Zecken nicht nur Pferde, sondern auch Menschen befallen, müssen sich die Reiter ebenfalls nach den Blutsaugern absuchen, vor allem wenn sie ärmellos und ohne Kopfbedeckung geritten sind oder zwischendurch mal in die Büsche mussten.

Weil die Zecken anfangs winzig klein sind, muss man das Pferdefell sorgfältig absuchen.

Entfernung einer Zecke mit der Zeckenzange

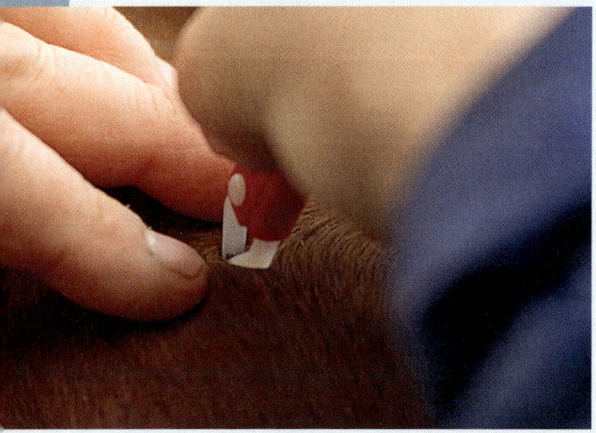

schlechtsreifes Zeckenweibchen in die Blutbahn ihres Wirts spritzt. Dabei kann sie gefährliche Krankheiten übertragen. Beim Menschen sind das vor allem die Frühsommer-Meningoenzephalitis (FSME, Gehirnhautentzündung) und die Borreliose. Beim Pferd können örtliche

Vorsorge- und Schutzmaßnahmen über Haltung und Fütterung

Ganz verdrängen kann der Pferdehalter die Insekten aus dem Stall und von der Weide sicherlich nicht. Durch zahlreiche Hygiene- und Schutzmaßnahmen kann das Insektenaufkommen jedoch erheblich reduziert werden. Auch die bewusste Wahl des Weidestandortes beziehungsweise die Zeitenbestimmung des Weidegangs schränkt die Belästigung durch Insekten entscheidend ein. Nicht zuletzt bieten eine ausgewogene Fütterung und spezielle Zusatzfuttermittel einen Insektenschutz von innen.

Pferdemist muss regelmäßig von der Koppel entfernt werden.

Stall- und Weidehygiene

Mit Hygienemaßnahmen im Stall, auf den Auslaufflächen und Weiden werden vor allem die Brutstätten der Insekten vermindert. Zur Stall-

Wöchentliches Ausspritzen des Stalls und Desinfizieren des Bodens verhindert übermäßiges Fliegenaufkommen.

hygiene gehören tägliches, gründliches Ausmisten und die regelmäßige Desinfektion des gereinigten Stallbodens.

Als Sommereinstreu eignen sich Hobelspäne übrigens besser als Stroh, weil sich verunreinigte Späne gründlicher aussortieren lassen. Im Stroh bleiben dagegen immer Kot- und Urinreste zurück, die Fliegen anziehen. Gutes Futterstroh sollte dem Pferd aber stets zur Verfügung stehen.

Zu den Hygienemaßnahmen im Stall zählt ferner das tägliche Entfernen von Futterresten sowie das Erneuern des Wassers in den Tränkebecken. Futter- und Wassertröge sollten zudem regelmäßig mit Essig oder Zitronensaft gereinigt werden, was Insekten nachhaltig fern hält.

Um eine Verwurmung der Pferde und die Vermehrung von Fliegen zu unterbinden, muss auch auf Paddock- und Weideflächen der Pferdedung mindestens zweimal wöchentlich (besser täglich) abgesammelt werden.

Der Misthaufen sollte möglichst weit von Stall, Auslauf und Weide entfernt angelegt und gegebenenfalls mit einer Plane abgedeckt werden.

Da Mücken mit Vorliebe in Feuchtgebieten brüten, sollten Pfützen, Matsch und andere Feuchtstellen durch Drainagelegung oder Sandaufschüttungen trockengelegt werden. Neuerdings bietet der Fachhandel so genannte Rotteförderung an, mit der man schon in den Wintermonaten hohem Insektenaufkommen vorbeugen kann. Die Rotteförderung wird in Wasser aufgelöst (zehn Gramm reichen für 100 Quadratmeter) und auf Matschflächen, in Misthaufen oder auf abgemähte Geilstellen verteilt. Durch die Aktivierung des Rotteprozesses wird den Insekten die Lebensgrundlage entzogen.

Schutzvorrichtungen im Stall und auf der Weide

Eine altbewährte Methode zur Fliegenabwehr im Stall sind weiß gekalkte Wände, die abweisend auf die lästigen Quälgeister wirken. Auch das Versprühen von Lavendelöl oder eine mit Nelken gespickte Zitrone hält Insekten ab. Ferner erweisen sich Stallfliegenfänger als hilfreich. Diese ausrollbaren Streifen sind mit einem Spezialleim beschichtet, der Fliegen anlockt und festhält.

Ein weiterer, sehr effektiver Fliegenschutz sind Fliegenfallen, die der Fachhandel seit einigen Jahren anbietet. Diese Fallen hängt man ausschließlich im Außenbereich, in direktem Sonnenlicht und etwa zehn bis 15 Meter vom Stall entfernt auf. Durch giftfreie Köderstoffe, die für Nützlinge, Mensch und Haustiere ungefährlich sind, werden die Fliegen in einen Beutel gelockt. Eine Fangreuse verhindert, dass die Insekten wieder hinauskrabbeln. Durch die

Fliegenstreifen befestigt man an der Decke und rollt sie aus.

Durch die solare Verdampfungswirkung wird der Lockstoff in die Atmosphäre verteilt und zieht die Fliegen an.

Vor allem Ekzempferde sind auf einen mückenfreien Rückzugsort angewiesen.

Langzeitwirkung von vier Wochen wird die Fliegenpopulation erheblich gesenkt. Das Kunststoffoberteil lässt sich erneut verwenden, der Fangbeutel ist kompostierbar.

Gegen Mücken helfen die beschriebenen Abwehrmethoden allerdings nicht. Da helles, kurzwelliges Licht alle Mückenarten stark anzieht, haben sich elektrische Insektenvernichter als sehr wirksam erwiesen. Diese Geräte, die mit UV-Licht und Strom arbeiten, hängt oder stellt man im Stallbereich außer Reichweite der Pferde auf. Das blaue Licht lockt die Mücken an, die dann durch ein geschütztes Stromgitter unschädlich gemacht werden.

Hilfreich gegen größere Störenfriede wie Fliegen, Bremsen und Stechmücken sind Netze, die man in Fenstern oder Stalltüren anbringt. Kleinere Mücken wie die Gnitzen und Kriebelmücken schlüpfen jedoch durch das Netzgewebe hindurch. Hier haben sich Streifenvorhänge aus durchsichtigem Kunststoff bewährt, die man an Fenstern, Eingängen beziehungsweise offenen Seiten von Offenställen, Unterständen oder Weidehütten anbringt. Die sich überlappenden Kunststoffstreifen wehren Insekten erfolgreich ab. Um die Pferde daran zu gewöhnen, lässt man die Streifen nach und nach herunter.

Hinweis:

◼ ◼ ◼ ◼

Als tierische Helfer gegen die Insekten-plage haben sich Spinnen erwiesen. In ihren frisch gewebten Netzen verfangen sich Insekten aller Art. Darum sollte man nicht verstaubte Spinnennetze im Stall belassen.

Zur biologischen Bekämpfung von Fliegen im Pferdestall eignen sich die kleinen Schlupfwes-pen, die Fliegenlarven vertilgen und für Mensch und Pferd völlig ungefährlich sind, weil sie nicht stechen und sich vorwiegend im Dungbereich aufhalten. Diese Nützlinge werden in Behältern verschickt und in Misthaufennähe angesiedelt. Die Vertreiber werben im Anzeigenteil von Fachzeitschriften.

Auch auf der Weide müssen die Pferde vor Insekten geschützt werden. Während sich die Pferde in der Dämmerungszeit in einen mück-ensicheren Unterstand zurückziehen, dösen sie in der heißen und fliegenreichen Mittagszeit lieber im Schatten von Weidehütten oder Baumgruppen. Auf baumlosen Weiden und dort, wo feste Schutzhütten fehlen oder nicht errichtet werden dürfen, stellen mobile Unter-stände oder fahrbare Weidehütten, die in der Regel genehmigungsfrei sind, eine gute Alter-native dar.

Auch durch die Anpflanzung diverser Sträu-cher kann man den Insektenschutz auf der Weide unterstützen. So ist bekannt, dass der robuste und schnellwüchsige Holunder auf-

In der sommerlichen Mittagshitze suchen Pferde luftige und schattige Plätze auf.

Angebrachte Bürsten und splitterfreie Holzpfosten bergen kein Verletzungsrisiko beim Scheuern.

grund seines intensiven Eigengeruchs Insek-ten nachhaltig vertreibt.

Speziell für Pferde, die an Sommerekzem lei-den, müssen unbedingt alle splitternden oder scharfkantigen Gegenstände im Stall und auf

An Waldrändern sind Pferde besonders insektengefährdet.

der Weide wie zum Beispiel tief hängende Äste oder überstehende Latten, an denen sich das Pferd wund oder blutig scheuern könnte, entfernt oder abgezäunt werden.

Dennoch muss diesen Pferden eine verletzungssichere Scheuermöglichkeit geboten werden. Geeignet hierfür sind stabile, glatte und abgerundete Holzpfähle und gut befestigte Bürsten oder Besenköpfe.

Weidestandort und Weidezeiten

Die Lage der Weide ist entscheidend für eine mögliche Insektenplage. So kann auf Weiden am Waldrand, in der Nähe von fließenden oder stehenden Gewässern sowie in feuchten Tälern oder Senken stets mit erhöhtem Insektenaufkommen gerechnet werden.

Solche Weiden sollten möglichst nur im Frühjahr (Vorsicht: Zeckengefahr auf Waldkoppeln!) oder Herbst zum Abgrasen genutzt werden. Für Ekzempferde sind vor allem Weiden an Wasserstellen und in Feuchtgebieten wegen der zu erwartenden Mückenplage völlig ungeeignet. Diese Pferde sollten nach Möglichkeit auf luftigen und frei liegenden Weideflächen (zum Beispiel Hochebenen) gehalten werden.

Auch die bewusst gewählten Zeiten für den Weidegang spielen beim Insektenschutz eine entscheidende Rolle. Die beste Weidezeit (für ein Ekzempferd) ist von neun bis 16 Uhr, zumindest im Frühling und Spätsommer.

Luftige und hoch gelegene Weiden sind für Sommerekzemer ideal.

Bei extremer Insektenplage fühlen sich Pferde in einem geschützten Stall oft wohler.

Während der hochsommerlichen Mittagshitze und bei praller Sonneneinstrahlung lässt man Pferde mit Sommerekzem oder einer Allergie gegen Insekten oder Blütenpollen in Verbindung mit UV-Licht, so genannte Headshaker, besser ausschließlich nachts auf die Weide, wenn es ganz dunkel ist.

Auch sonnenbrandgefährdete Pferde grasen lieber im Dunkeln. Grundsätzlich sollten jedoch für alle Pferde Unterstellmöglichkeiten auf der Weide vorhanden sein und besonders allergisch disponierte Pferde durch entsprechende Vorsorgemaßnahmen zusätzlich geschützt werden.

Wo diese Möglichkeiten fehlen, stallt man die Pferde zu den betreffenden Zeiten stundenweise auf.

Vorbeugung über die Fütterung

Insektenschutz von innen bedeutet, das Pferd ausgewogen zu ernähren, das heißt ohne Mineralstoff-, Spurenelement- oder Vitaminmangel beziehungsweise Energie- oder Eiweißüberschüsse. Das gilt besonders für das allergiebereite Pferd, weil sich der Großteil des Immunsystems im Darmtrakt abspielt und Allergene überwiegend im Darm abgebaut und ausgeschieden werden. Gerät nun die Darmflora aus dem Gleichgewicht, können die daraus resultierenden Stoffwechselstörungen Hautproblemen wie dem Sommerekzem Vorschub leisten. Deshalb ist eine energie- und eiweißarme Fütterung (karge Weiden, wenig ausgesuchtes Kraftfutter, viel Rohfaser durch Raufutter), die mit einem individuell angepassten Vitamin- und Mineralstoffbedarf ergänzt wird, gerade für Ekzempferde wichtig. Zusatzpräparate, die das ohnehin überreagierende Immunsystem des Pferdeallergikers stärken sollen, sind jedoch fehl am Platz. Deshalb dürfen nur Futtermittel verabreicht werden, die das Immunsystem regulieren und für einen gut funktionierenden Stoffwechsel sorgen. Hierzu gehört beispielsweise Leinsamen, der die Verdauung fördert und die Darmschleimhaut schützt. Kieselerde kann trockene und juckende Haut positiv beeinflussen, verbessert die Elastizität der Haut und reguliert besonders in Verbindung mit Zink und Seealgen den Hautstoffwechsel. Auch bestimmte Pflanzensamenöle wie Schwarzkümmel- oder Nachtkerzenöl sowie ausgesuchte Kräuter wie getrocknete Brennnesselblätter oder Klettenwurzeln unterstützen die natürlichen Hautfunktionen.

Nicht nur für allergiegeplagte Pferde ist die Zufütterung von Knoblauch geeignet, den man klein geschnitten oder gepresst (täglich drei bis sechs Zehen) unter das Futter mischen kann.

Knoblauchpräparate gibt es auch granuliert oder pelletiert als Fertigfutter im Fachhandel. In Verbindung mit Vitamin B ist Knoblauch besonders wirksam.

Hinweis:

Vor der Anwendung von Zusatzfuttermitteln sollte man sich gründlich fachlich beraten lassen und gegebenenfalls durch eine Blutuntersuchung Mangelerscheinungen feststellen.

Man sollte immer nur ein Präparat beziehungsweise Kombinationspräparat verabreichen.

Bei Bedarf kann man das Präparat wechseln und zwischen den Anwendungen verschiedener Futtermittel Pausen einlegen.

Knoblauchgeruch wehrt Insekten ab.

Schutzausrüstung

Gegen Insekten findet man im Fachhandel und im Anzeigenteil der Fachzeitschriften diverse Ausrüstungsgegenstände, die Kopf beziehungsweise Körper der Pferde beim Weidegang, beim Reiten und Fahren oder in Pausen schützen sollen. Grundsätzlich sollte man auf eine individuelle Passform, eine solide Verarbeitung, strapazierfähige und pferdefreundliche Materialien und Sicherheitsverschlüsse achten. Gute Qualität ist in der Regel zwar teurer, dafür aber auch stabiler und langlebiger und mit einem durchdachten und praxiserprobten Sicherheitsstandard ausgestattet.

Verschiedene Kopfschutzteile

Für den einfachen Fliegenschutz der Pferdeaugen haben sich Fransenstirnbänder aus Leder, Nylon oder Baumwolle bewährt, die mit Klettverschlüssen am Halfter oder Zaumzeug befestigt werden.

Solche Stirnbänder sind für das Reiten und Fahren bestens geeignet. Beim Weidegang besteht jedoch die Gefahr, dass sich unbeaufsichtigte oder unerfahrene Pferde in dem dafür erforderlichen Halfter an Ästen oder Zaunpfählen verfangen beziehungsweise beim Kratzen mit der Hinterhand hängen bleiben und verletzen. Für diesen Zweck empfehlen sich Sicherheits-Weidehalfter mit Klettverschlüssen oder Fransenstirnbänder mit eigenem Kopfteil, die ohne Halfter angewendet werden kön-

nen. Sie werden durch dünne Textilbänder oder Riemen im Genick und an der Kehle gehalten, die im Notfall reißen. Wer ganz auf Nummer Sicher gehen will, ersetzt den Kehlriemen durch einen breiten Gummizug.

Für empfindliche Pferdeohren sind Ohrenkappen aus Baumwollgewebe mit und ohne Augenfransen erhältlich. Dieser Kopfschutz ist ideal beim Bewegen des Pferdes und wird unter dem Zaumzeug am Genickstück angebracht.

Den besten Fliegenschutz für Augen und Ohren stellen so genannte Schutzmasken dar, die aus einem feinmaschigen Nylonnetzgewebe bestehen. Allerdings müssen solche Masken, die es in verschiedenen Größen sowie mit und ohne Ohrenhütchen gibt, von guter

Qualität sein. Einfache Netzteile, die nur mit dünnen Textilbändern am Pferdekopf befestigt werden, sind weniger empfehlenswert, weil sie nicht dicht abschließen und so Fliegen unter den Kopfschutz geraten können. Dagegen kann unter Schutzmasken mit gepolstertem Rand und Klettverschlüssen, integrierten stabilen Gummizügen oder eingearbeiteten breiten Textilbändern mit Sicherheitsschnellverschlüssen kein Insekt gelangen. Schwarze Schutzmasken bieten darüber hinaus auch einen Sonnenschutz bei lichtempfindlichen Augen und Headshaking, ohne die Sicht zu behindern.

Für Pferde mit Headshaker-Symptomen oder Neigung zu Sonnenbrand bietet der Markt eine neuartige Nüsternabdeckung, die durch das dunkle Gewebe sowohl vor Insekten als auch vor Sonnenlicht schützt, ohne die Atmung zu beeinträchtigen. Den „Nose Cover" gibt es in zwei Größen, er wird mit Klettverschlüssen am Nasenriemen von Halfter oder Zaumzeug befestigt.

Extra für Pferde mit Sommerekzem sind Spezialkapuzen aus atmungsaktiven Materialien erhältlich, die den gesamten Kopf vor den kleinen Mücken bewahren.

1 Nylonfransenstirnband an der Trense
2 Lederfransenstirnband am Halfter
3 Baumwollfransenkopfstück mit selbst montiertem Gummizug
4 Ohrenkappe unter einem Fahrzaum
5 Schwarze Schutzmaske mit sicherem Abschluss
6 Kopfhaube für Ekzemerpferde
7 Einfache Netzmaske mit Bändchen

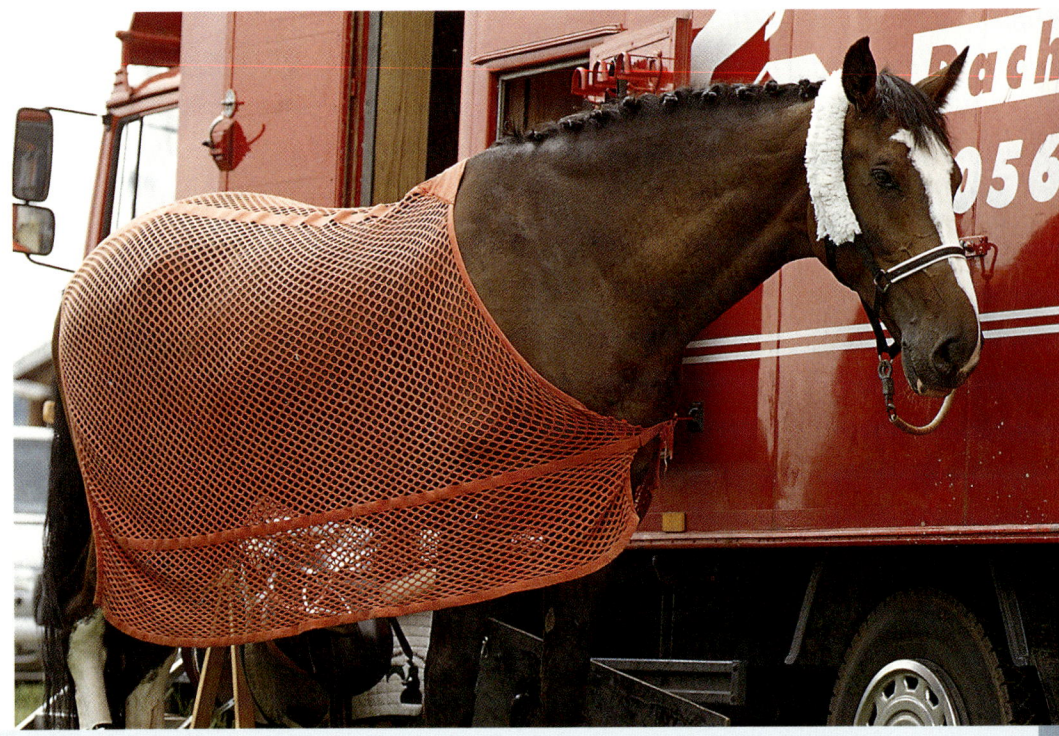

Baumwollnetzdecke

Engmaschige Schutzdecke aus Polyestergewebe

Schutzdecken

Fliegendecken gibt es aus unterschiedlichen Materialien und mit verschieden großen Maschen. Netzdecken aus breitmaschigem Baumwollgewebe, die auch als Nierendecken erhältlich sind, schützen Reit- und Fahrpferde beim Ab- und Nachwitzen vor Zugluft und Insekten und sind vor allem für Turnier- und Fahrpausen geeignet.

Ähnliches gilt für einfache Schutzdecken aus engmaschigem Polyesternetzstoff, die nur mit einem Frontverschluss gehalten werden. Für den Weidegang muss man diese Decken unbedingt mit einem elastischen Bauchgurt und provisorischem Schweiffriemen ausrüsten.

Fehlt dieser zusätzliche Halt, besteht die Gefahr, dass sich das Pferd beim Wälzen mit den Beinen in den Maschen verfängt, die Decke zerreißt oder sich gar verletzt.

Mittlerweile bieten einige Fachhändler aber auch schon spezielle Netzdecken für die Weide an, die durch integrierten Deckengurt, Schweifriemen und Hinterhandverschnallung einen sicheren Halt gewährleisten. Diese Decken bestehen aus einem luftdurchlässigen, leichten PVC- oder Polyester-Gewebe und sind zum Teil mit aufrollbarem Halsteil und zusätzlichem UV-Schutz ausgestattet. Speziell für Ekzempferde gibt es Ganzkörperdecken mit Halsteil, Bauch- und Schweiflatz, die aus atmungsaktiven, Wasser und Schmutz abweisenden sowie schnell trocknenden Materialien bestehen, die robust verarbeitet und sehr strapazierfähig sein müssen.

Elastische Gummizüge am Kragenende des Halsteils und Bauchlatz schützen zuverlässig vor Insekten. Wichtig ist, dass diese Decken exakt angepasst werden, damit sie weder die Bewegungsfreiheit einschränken noch Sozialkontakte beeinträchtigen. Ekzemerdecken sind inzwischen für alle Rassen lieferbar. Einige Hersteller bieten darüber hinaus auch Maßanfertigungen sowie Reparaturserviceleistungen an.

Ganzkörperdecken haben sich als zuverlässiger Mückenschutz bewährt.

Viele Repellents werden auf das Pferdefell gesprüht.

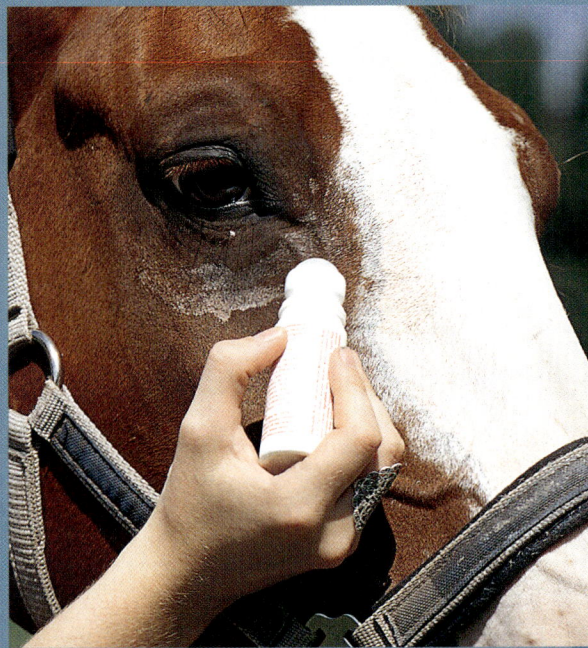

Mit einem Roll-on trägt man Insektenschutzmittel vorsichtig um die Augen auf.

Insektenschutz- und Pflegemittel

Zu den Insektenschutzmitteln gehören sowohl Insektizide, die die Insekten abtöten, als auch chemische und natürliche Repellents, so genannte Schreckstoffe, die Insekten abwehren. Ferner gibt es diverse Pflegemittel, die zusätzlich juckreizstillend, hautberuhigend und entzündungshemmend wirken. Schließlich muss geschädigte Haut oder Schleimhaut behandelt und vor Insekten geschützt werden.

Insektizide und Repellents

Insektizide enthalten den Wirkstoff Permethrin, ein Giftstoff, der aus dem in Chrysanthemen enthaltenen Pyrethrum hergestellt wird und das Nervensystem der Insekten schädigt. Für Wirbeltiere ist der Wirkstoff weitgehend ungefährlich. Beim Kontakt mit Schleimhäuten oder Wunden können jedoch Nebenwirkungen auftreten. Auch kann das Gift nur dauerhaft wirken, wenn es ständigen Kontakt zur Pferdehaut hat. Insektizide sind als Shampoos, Puder, Lotionen, Ohrclips oder Halsbänder ausschließlich über den Tierarzt zu bekommen.

Dagegen sind Repellents frei im Handel erhältlich. Synthetisch hergestellte Repellents enthalten Substanzen wie Diethyltoluamid (Deet) oder Prallethrin und sind beispielsweise

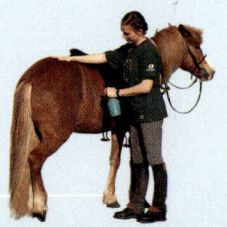

in Mira® (Bayer), Phaser® (Leovet) oder Parisol® (Bense & Eicke) beigemischt. Die Mittel dürfen nicht mit Augen und Schleimhäuten in Berührung kommen. Das kann lokale Hautreizungen zur Folge haben.

Daneben gibt es eine Vielzahl von Insektenabwehrmitteln auf rein biologischer Basis, die ungiftig und in der Regel hautverträglich sind. Die meisten dieser Mittel bestehen aus einer Zusammensetzung von ätherischen Ölen aus Zitronelle, Minze, Eukalyptus, Anis, Zedernholz, Jdris-Yaghi, Nelkenöl oder Lavendelöl.

Einige Repellents enthalten zusätzlich hautpflegende Öle und Substanzen wie Avocado-, Walnuss- und Sesamöl sowie Aloe Vera, wie zum Beispiel Zedan® (MM-Cosmetics).

Anderen natürlichen Mitteln ist das Australische Teebaumöl (zum Beispiel Rokale® Mücken Plus von Kathmann) oder das Indische Niemöl (zum Beispiel Fliegenblocker® von Hotte Maxe) zugesetzt. Diese Öle wirken desinfizierend und fördern die Heilung. Wieder andere haben den ätherischen Ölen Pflanzenauszüge wie Harze (zum Beispiel Bremsen-Frei® von Dr. Schaette) beigefügt, die sehr geruchsintensiv sind. Schließlich gibt es Präparate, die so genannte Käfigmoleküle (zum Beispiel Bio-Max® von Eurodor) zusetzen, die den Eigengeruch des Pferdes binden sollen.

Alternativ zu ätherischen Ölen und Zusätzen sind Repellents auf dem Markt, die andere natürliche Wirkstoffe wie Aromastoffe (Fliegenschutzdeodorant Horse fitform®), Pflanzenextrakte wie Zitronellengras und Geranie (zum Beispiel Natürlicher Fliegenschutz® von Veredus) oder stinkendes Tieröl (zum Beispiel Natürlicher Fliegenschutz für die Weide® von Masterhorse) einsetzen. Sowohl Präparate mit

geruchsbindenden Molekülen als auch Stinköl sind aufgrund ihres extrem unangenehmen Geruchs ausschließlich für den Weidegang geeignet. Beide Mittel hinterlassen auf Schimmeln gelbe Flecken.

Repellents werden als verdünnbare Konzentrate oder sprühfertige Lotionen angeboten, die auf das sauber geputzte und regelmäßig gewaschene Fell aufgetragen oder aufgesprüht werden.

Das Aufsprühen ist grundsätzlich besser, weil effektiver, flächendeckender und sparsamer, als das Einreiben mit einem Schwamm oder Tuch.

Hinweis:

Dickflüssige Lotionen lassen sich mit einem Schuss Wasser sprühfähiger machen.

Hierzu eignen sich am besten Druckpumpzerstäuber, die zwar nicht billig sind, dafür aber lange halten und sich bequem bedienen lassen. Durch die feine Zerstäubung spart man außerdem Lotion. Weil diese Sprühflaschen weniger zischen, sind sie zudem für geräuschempfindliche Pferde geeignet. Mit etwas Geduld und viel Lob sollte sich aber (fast) jedes Pferd an das Einsprühen gewöhnen lassen.

Die Wirkungsdauer der verschiedenen Repellents, die von den Herstellern angegeben wird, schwankt zwischen acht Stunden und zwei Tagen. Die meisten Mittel müssen jedoch mehrmals am Tag aufgebracht werden. Gegen Zecken wirken viele Repellents höchstens zwei Stunden. Auch bei Schweißbildung ist die Wirkungsdauer deutlich herabgesetzt. Der in einigen Mitteln aufgeführte UV-Schutz reicht für lichtempfindliche Pferde übrigens nicht aus. Hier sollten am besten antiallergische, fettfreie Sonnenschutzgels für Menschen mit einem Lichtschutzfaktor von mindestens 25 verwendet werden, die man auf die hellen Stellen an Kopf und Beinen aufträgt.

Bis auf wenige Ausnahmen (zum Beispiel Zedan®) dürfen die Repellents nicht auf Wunden, Weichteilen und am Kopf angewendet werden. Für den Kopf bieten die Hersteller Roll-ons, für den Euter- und Schlauch-Bereich spezielle Schutzgels an.

Für das Euter oder den Schlauch kann man aber auch handelsübliches Melkfett verwenden. Pferdeohren können zudem mit Zinksalben oder Penaten®-Creme vor kleinen Mücken geschützt werden. Weichteile, Augenregionen und Ohren müssen regelmäßig zum Beispiel mit Kamillentee gereinigt werden. Dabei darf jedoch keine Flüssigkeit in die empfindlichen Augen und Ohrmuscheln laufen!

Hinweis:

Preiswerte Repellents selbst gemixt:
Für den Weidegang: Gleiche Anteile von Wasser und Obstessig mit einem Schuss Stinköl (auch „Franzosenöl" aus der Apotheke) mischen.

Für den Ausritt: Grapefruitkernextrakt (aus der Apotheke) nach Packungsangabe mit Wasser mischen.

Für Weide und Ausritt: Gleiche Anteile Wasser, Obstessig und Eukalyptusbadeöl mit etwas Nelken- oder Lavendelöl (zirka 15 Milliliter auf einen Liter Mischung) mischen. Ätherische Öle nur verdünnt anwenden, da sonst allergische Reaktionen und Hautreizungen auftreten können!

Insekten abwehrende Pflegemittel

Insbesondere die kleinen Mückenarten wie Gnitzen und Kriebelmücken haben es auf Unterbauch, Schweifrübe und Mähnenkamm abgesehen. Um diese Mücken fern zu halten sowie Juckreiz und Scheuern zu verhindern, bieten die Hersteller Pflegeöle oder -emulsionen an, die sowohl Insekten abweisen als auch den Juckreiz stillen und die Haut beruhigen.

Diese Präparate bestehen neben ätherischen Ölen aus hautstabilisierenden und -regenerierenden Ölen von Ringelblume, Distel, Hanf, Weizenkeim oder Avocado. Einige Mittel ent-

   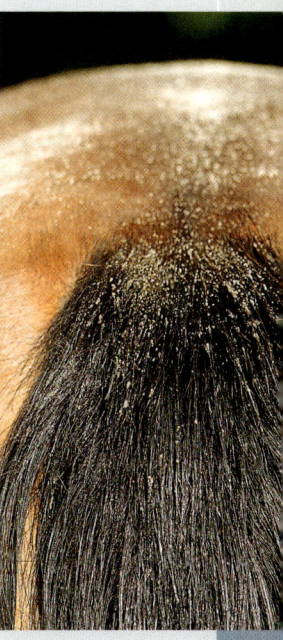

Abgescheuertes Langhaar an Mähne und Schweif

Öle und Emulsionen werden auf die Haut von Schweif und Mähne geträufelt und leicht einmassiert.

An Pflegeölen bleiben Sandkörner leicht kleben.

halten zusätzlich entzündungshemmende Wirkstoffe wie Niem- und Teebaumöl oder Mineralstoffkombinationen aus dem Toten Meer, die den Zellstoffwechsel der Haut anregen. Speziell für Pferde, die an Sommerekzem leiden, hat sich seit vielen Jahren die AE-Emulsion® vom Gestüt Aegidienberg als Vorbeugung bewährt.

Die AE-Emulsion® ist eine Kombination aus neun ätherischen Ölen sowie Schwarzkümmelöl, das den Haarwuchs fördert.

Gegen Juckreiz sowie zur Haut- und Fellpflege ist auch Ballistol animal® (Klever) ein altbewährtes Mittel. Allen diesen Präparaten ist gemein, dass sie rechtzeitig, also vor Beginn der Mückensaison, und regelmäßig oder täglich auf die betreffenden Körperstellen aufgetragen werden müssen.

Da ölhaltige Substanzen rasch mit Schmutzpartikeln und Sandkörnern beim Wälzen verkleben, müssen sie beispielsweise mit grünem Tee oder mit speziellen Pferdeshampoos ausgewaschen und nach dem Trocknen neu aufgebracht werden.

Hinweis:

Pflegeschutzemulsion selbst gemixt:
500 Milliliter Babyöl mit 50 Tropfen Zitronella-Öl und je 20 Tropfen Eukalyptus-, Zedern- und Nelkenöl sowie zehn Milliliter Teebaumöl und 50 Milliliter Schwarzkümmelöl mischen und täglich einreiben.

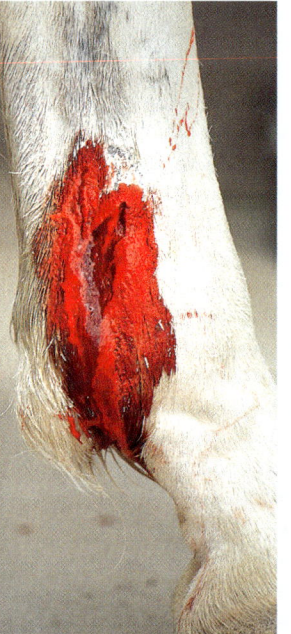
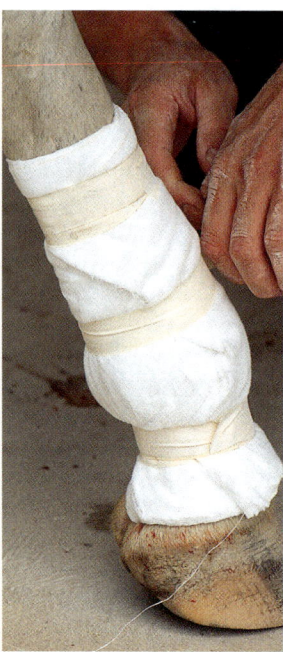

Da Blut Fliegen magisch anzieht, müssen solche Wunden verbunden werden.

Behandlung und Schutz geschädigter Haut und Schleimhaut

Großflächige, blutende Wunden sowie Riss- und Stichwunden müssen auf jeden Fall tier- ärztlich versorgt und mit einem Schutzverband vor Insekten geschützt werden.

Dagegen können oberflächliche Schürf- und Kratzwunden nach einer gründlichen Desin- fektion mit Pudersprays (zum Beispiel Oro- spray®) oder Pasten (zum Beispiel Socatylpa- ste®) vor einer Wundinfektion durch Fliegen bewahrt werden.

Kleinere Scheuerstellen oder leichte Ekzeme können mit Zinksalben oder teebaumhaltigen Cremes beziehungsweise Fluids (zum Beispiel Skinguard® von Biofarm) behandelt werden, die ebenfalls insektenabweisend wirken.

Hinweis:

Preiswerte Heiltinktur oder -salbe selbst gemixt:
100 Milliliter Jojobaöl für den Mähnen- und Schweifbereich oder 100 Gramm Vaseline für den Körper mit je zehn bis 20 Tropfen Teebaumöl und fünf bis zehn Milliliter Kamillosan mischen und täglich auftragen.

Bei großflächigen Scheuerwunden sowie bei Sonnenbrand sollte man eine Paste aus Grünem Lehm oder Heilerde mischen und vorsichtig eine dicke Schicht auf die betroffene Hautstelle auf- tragen. Diese Pasten sind schmerzlindernd und kühlend, mindern Juckreiz und decken die Haut ab, so dass Insekten und Sonnenstrahlen nicht hindurchdringen können.

Offene Ekzeme können mit Betaisadona®- Lösung und -Salbe behandelt werden. Bei starkem Sommerekzem sollte man jedoch tier- ärztliche Hilfe in Anspruch nehmen.

Durch kurzfristige Verabreichung von Corti- son und Antibiotika können die Symptome zum

Heilende Pasten schützen zuverlässig (täglich kontrollieren!) vor fliegenden Keimträgern.

Abklingen gebracht werden. Zur Vorbeugung und Behandlung helfen auch Einreibungen mit Salicylöl (Somerol®) oder Wellcare-Emulsion® vom Tierarzt. Auch eine homöopathische Behandlung mit Alleosal® und Dermisal® (eventuell kombiniert mit Eigenblut) zeigt gute Erfolge bei Sommerekzem und Headshaking.

Schließlich verbessert auch das im Fachhandel erhältliche Ökozon® (eine Kombinationstherapie aus Zusatzfutter und Lotion) in vielen Fällen von Sommerekzem die Symptome.

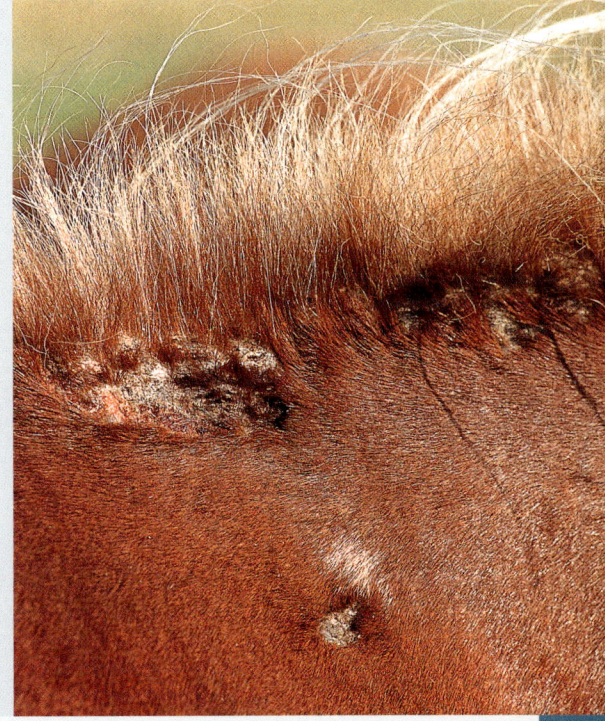

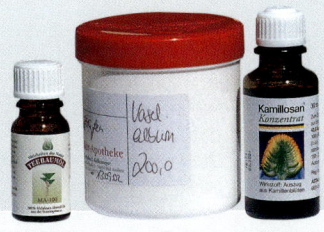

Mit Vaseline, Kamillosan und Teebaumöl lässt sich eine wirksame Heilsalbe herstellen.

Sommerekzeme müssen fachgerecht behandelt werden.

Hinweis:

Alle Medikamente müssen vorschriftsmäßig angewendet werden!

Niemals unbedacht mehrere Therapien zugleich anwenden, sondern Behandlungen immer mit dem Tierarzt abklären und aufeinander abstimmen.

Durch Fliegen kann es nicht nur zu Tränenfluss, sondern auch zu Augenentzündungen mit Rötung der Bindehaut und Lidschwellung kommen, insbesondere wenn das Pferd die Augen reibt oder es allergisch auf Fliegen reagiert. Bei Entzündungen und zugeschwollenen Augen muss der Tierarzt die entsprechenden Augentropfen oder -salben verordnen. Die Augen sollte man aber nicht auswaschen, sondern wenn nötig mit einer feuchten und sterilen Kompresse kühlen und Fliegen mit entsprechendem Kopfschutz fern halten.

Insektenstiche sind in der Regel ungefährlich, wenn sie den Körper betreffen und keine Allergie auslösen. Im Prinzip können Pferde auf alle Insekten allergisch reagieren. Selten kommt es aber zu einem allergischen Schock mit Symptomen wie Schwanken, Schwitzen und Zittern, der ein tierärztlicher Notfall ist!

Hinweis:

Zur Zeit sind Allergietests für folgende Insekten- und Milbenarten möglich:

Acarus siro, Biene, Floh, Hausstaubmilbe, Hornisse, Kriebelmücke, Lepidoglyphus destructor, Pferdebremse, Staubmilbe, Stechmücke, Weidestechfliege, Wespe, Zecke (Einzelallergentests bei Vet-LABOR, Gelsenkirchen)

Culicoides-Mücke, Wadenstecher, Eintagsfliege, Motte, Stechmücke, Pferdebremse, Hausfliege und Feuerameise (Einzelallergentests bei der Tierärztlichen Hochschule, Hannover)

Schwarze Fliege, Caddis-Fliege, Bremse, Hausfliege, Schwarze Ameise, Moskito und Culicoides (Einzelallergentests bei Alergovet-Labor, Paris)

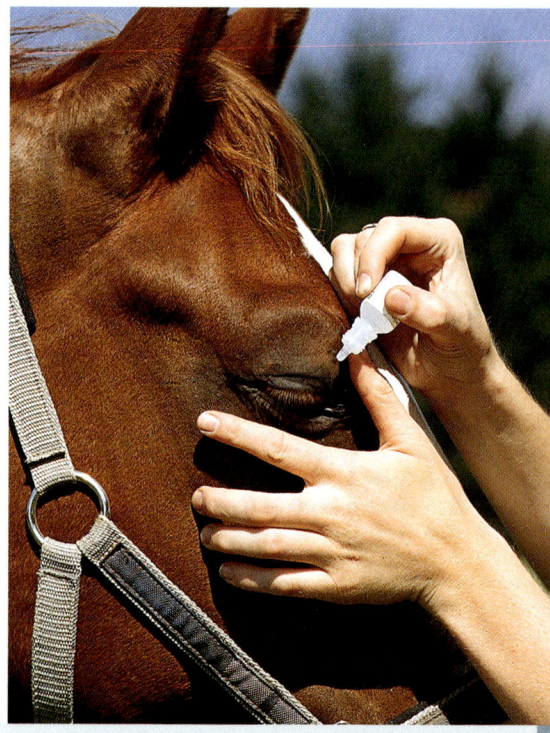

Augentropfen träufelt man vorsichtig in den Lidsack.

Auch bei Insektenstichen am Kopf, vor allem im Maul- und Rachenbereich, muss sofort der Tierarzt gerufen werden. Denn bei einem geschwollenen Kehlkopf droht Erstickungsgefahr! Derartige Stiche werden meist durch verschluckte Wespen oder Hornissen auf Streuobstwiesen verursacht. Deshalb (und auch wegen der drohenden Kolikgefahr) Fallobst absammeln oder Obstbäume abzäunen!

Gegen Juckreiz und örtliche Schwellungen am Körper helfen Insektengels für Menschen (zum Beispiel Soventol®) oder einige altbewährte Hausmittel. Juckreizlindernd und desinfizierend wirkt beispielsweise Zwiebelsaft, den man auf den Stich träufelt. Auch Knoblauch ist leicht entzündungshemmend und lindert Juckreiz. In Verbindung mit kaltem Essigwasser kühlt er außerdem und wirkt abschwellend.

Zwiebel, Knoblauch und Essig helfen bei Insektenstichen.

Insektenschutz beim Reiten

Damit der sommerliche Ausritt nicht zur Qual wird, sollten sich Reiter und Pferd vor der Insektenplage ausreichend wappnen. Auch Zeitpunkt, Ort und Tempo können die Belästigung durch Insekten im Gelände begrenzen. Nach dem Ritt sollten außerdem notwendige Pflegemaßnahmen bedacht werden.

Schutzausrüstung für unterwegs

Den Pferdekopf kann man mit Fransenstirnband, Ohrenkappe oder Nüsternschutz vor Insekten bewahren.

Schutzdecken können beim Reiten oder anderen Bewegungsarten jedoch nicht eingesetzt werden. Hier hilft nur ein flächendeckender Schutz durch insektenabweisende Repellents.

Fransenstirnbänder schützen beim Ausreiten den Pferdekopf vor Fliegen.

Mit Ausnahme der großen Rinder- und Pferdebremsen, die nur die Vierbeiner stechen, wird auch der Mensch von Insekten heimgesucht. Deshalb sollte sich der Reiter ebenfalls mit entsprechenden Schutzlotionen vorbeugend einreiben. Besonders gefährlich sind Zeckenbisse. Ratsam ist es daher, bei Ritten durch den Wald dichtes Gestrüpp oder Unterholz zu meiden und auch bei warmem Wetter dünne, langärmelige Kleidung und eine Kopfbedeckung zu tragen.

Vor dem Ausritt sollte das Pferd sorgfältig eingesprüht werden.

Hemden mit langen Ärmeln und Hüte sind ein guter Schutz vor Zecken.

Mit einem Fliegenwedel kann man die Plagegeister vertreiben.

Zusätzlich kann man sich mit einem Fliegenwedel ausrüsten, der im Fachhandel erhältlich ist. Mit etwas Geschick können solche Wedel aber auch selbst gebastelt werden. Notfalls tut es ein Zweig mit Blättern oder eine lange Gerte.

Geeignete Reitzeit, Route und Ritttempo

Die günstigste Zeit zum Reiten ist der frühe Morgen, und zwar etwa zwei bis drei Stunden nach Sonnenaufgang. Denn dann haben sich Kriebelmücken und Gnitzen bereits wieder zurückgezogen und Fliegen, Bremsen sowie Stechmücken werden erst allmählich ab dem späten Vormittag aktiv.

Auch die Route des Ausritts sollte man sich gut überlegen und Orte mit besonders hohem Insektenaufkommen wie Viehweiden, Waldränder, Flussauen oder Tümpel, Teiche und Seen möglichst meiden. Am besten ist es, man reitet auf einer höher gelegenen Freifläche mit Windbewegung. Hier ist die Insektenbelästigung am geringsten.

Da Schweißgeruch auf Insekten eine ungeheure Anziehungskraft hat, sollte man außerdem das Reittempo den hohen Temperaturen anpassen. Denn schwitzen die Pferde erst, wirkt auch das Repellent kaum noch und man wird die Insekten nicht mehr los. Damit der Ausritt also nicht zur Tortur gerät, verzichtet man bei heißem Wetter besser auf lange und schweißtreibende Galoppaden.

Notwendige Pflege- und Hygienemaßnahmen

Nach dem Reiten empfiehlt es sich, verschwitzte Pferde mit viel klarem Wasser abzuwaschen oder abzuspritzen. Hals, Brust, Sattel- und Gurtlage sowie Afterrosette und der Bereich zwischen den Hinterbeinen müssen hierbei besonders gewissenhaft gesäubert werden. Schweißnasse Stellen am Kopf werden mit einem feuchten Schwamm oder Tuch geputzt.

Auf einer Hochebene bleiben Reiter und Pferd von Insekten weitgehend unbehelligt.

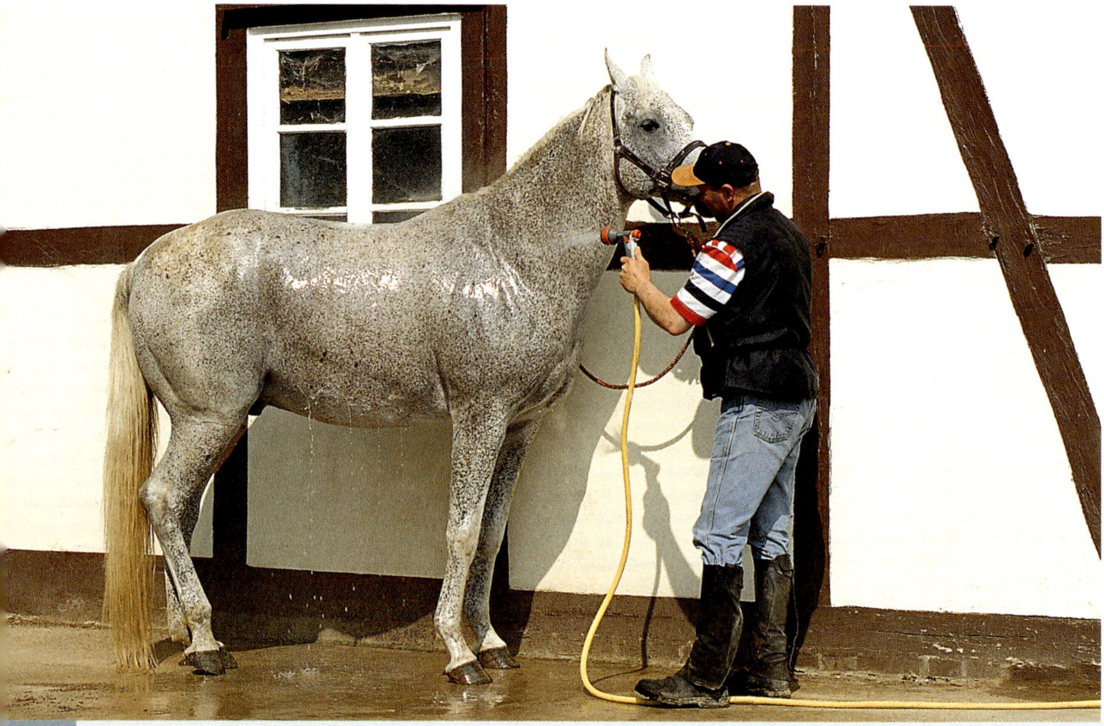

*Gründliches Abspritzen befreit
die Pferde von Schweiß.*

Nach dem Abziehen mit einem Schweiß-
messer und dem Abtrocknen sind die Pferde
erneut mit Repellents oder Schutzausrüstung
zu versorgen, bevor sie wieder auf die Weide
oder Paddock entlassen werden.

Nicht zuletzt sollten in der heißen Zeit auch
einige Hygienemaßnahmen durchgeführt werden. Putzzeug, Schwämme und Tücher sollte
man regelmäßig reinigen. Weil verschwitzte,
mit Talg, Haaren und Dreck verklebte Satteldecken besonders viele Insekten anlocken, ist
es außerdem ratsam, diese öfter zu waschen.

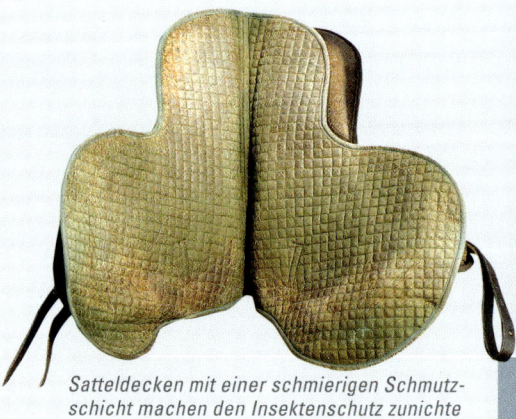

*Satteldecken mit einer schmierigen Schmutz-
schicht machen den Insektenschutz zunichte
und sollten unbedingt gewaschen werden.*